편안하고 즐겁게 사는 길

편안하고 즐겁게 사는 길

초판 1쇄 발행 2017년 2월 10일

지은이 | 황명찬
펴낸이 | 이의성

펴낸곳 | 지혜의나무
등록번호 | 제1-2492호
주소 | 서울시 종로구 관훈동 198-16 남도빌딩 3층
전화 | (02)730-2211 팩스 | (02)730-2210

ⓒ황명찬

ISBN 979-11-85062-17-4 03220

편안하고 즐겁게 사는 길

황명찬 지음

지혜의나무

머리말

우리가 세상에 태어나서 살아가는 모습은 마치 사슴 떼들이 달리는 모습과도 같습니다. 선두에 있는 몇 마리가 무엇에 놀라 갑자기 달리면 뒤에 있는 사슴들은 무조건 그들을 따라 전속력으로 달립니다. 어디로 가는 지도 모른 채 질주합니다.

사람들도 태어난 순간부터 남들을 따라 무조건 달립니다. 어릴 때부터 남들이 학교 가서 공부하느라 달리면 따라서 달립니다. 남들이 돈 벌기 위해 달리면 같이 달립니다. 남들이 출세하기 위해 달리면 나도 따라 달립니다. 그것은 마치 장자의 어부편에 나오는 어떤 사람과 같습니다. 자기의 '그림자'를 두려워하고 자기의 '발자국'을 극도로 싫어한 한 사람이 계속 따라오는 그림자와 발자국을 피해 죽을 힘을 다해 계속 달리다가 결국 지쳐 죽었다고 합니다. 달리는 것을 멈추고 그늘에 들어가 쉬면 따라올 그림자도 발자국도 없는데 그는 그 쉬운 길을 모르고 계속 달리다가 지쳐 죽은 것입니다.

우리가 무조건 달려가는 길의 끝이 절벽인지 가시밭길인지 모른 채 달리고 있는 우리의 모습이 마치 그와 같습니다. 우리는 모두 그 길이 행복으로 안내하는 길일 것이라 생각하고 그 길을 열심히 달리고 있습니다. 그러나 한번쯤 달리던 길을 멈추고 서서 지나온 길을 되돌아보고 그 길이 내가 원하는 길인지 확인해 볼 필요가 있습니다.

이 작은 책은 이미 묘법연화경을 받아들여 생활 속에서 읽고 외우거나 베껴 쓰거나 해설하고 있는 분들과 묘법연화경에 관심 있는 분들을 위하여 묘법연화경의 가르침의 핵심과 경에서 설한 수행법을 요약 정리한 것입니다.

묘법연화경을 마음으로 믿고 받아들이기만 해도 곧 성불하고 모든 괴로움이 소멸하고 편안함과 즐거움을 얻습니다. 편안하고 즐거운 삶의 길이 묘법연화경 속에 있습니다. 묘법연화경을 받아들이기만 해도 되는데 거기에 더하여 읽고 외우고 해설하고 베껴 쓰면 그 공덕은 매우 크며 한걸음 더 나아가서 경에서 설한 대로 마음 닦는 수행을 한다면 그 공덕은 허공처럼 무량무변하며 부처님을 크게 기쁘게 할 것입니다.

아무쪼록 이 책이 남들 따라 무조건 달리다 지친 분들에게 시원한 그늘이 되고 안식처가 되길 간절히 기원합니다.

　이 책을 내는 데 큰 도움을 준 황제인과 김다원 양과 원고를 읽고 고쳐주신 정위교 님에게 그리고 출판을 맡아주신 지혜의 나무 이의성 사장께 깊은 감사를 드립니다.

차 례

1. 안내의 글

일 사천하의 미진 같이 많은 보살들이
이 경을 들은 까닭에 오직 일 생만에
무상정등정각에 이르게 되며…

— 묘법연화경

불교수행의 목적은 궁극적으로 최고의 깨달음을 얻고 모든 마음의 괴로움과 고통에서 해탈하여 마음의 평화를 얻는 데 있습니다. 그리하여 이 고해의 생활세계에서 편안하고 즐거운 삶을 살아가는 것이라 하겠습니다.

부처님은 묘법연화경에서 인간은 다 본래부터 깨달은 부처이기 때문에 누구나 다 부처가 될 수 있다고 선언합니다. 부처님은 누구나 다 부처의 지혜를 가지고 있음을 우리에게 알리고 그것을 깨닫게 하기 위하여 이 세상에 나오신 것이라 하였습니다.

부처가 되려면 부처가 되기 위한 수행을 해야 하는데 첫째가 묘법연화경을 마음으로부터 받아들여 지니고 읽고 외우고 해설하고 베껴 쓰는 것입니다. 받아들여 지니기만 해도 성불한다고 합니다. 그러면 부처님의 위신력과 묘법연화경의 법력에 의하여 즉시 성불한다고 합니다. 그와 동시에 이 세상의 모든 괴로움에서 벗어나게 되고 우리가 전생으로부터 가지고 온 탐(탐욕)·진(성냄)·치(어리석음), 시기, 질투, 아만과 그릇된 견해 등 모든 번뇌와 망상이 깨끗하게 없어진다고 합니다.

두 번째는 우리가 스스로 지혜와 자비를 닦

는 수행을 하는 것입니다. 묘법연화경은 이 경을 수지 독송함에 더하여 보시 지계 인욕 정진 선정 지혜의 육바라밀을 수행하면 그 공덕은 가없는 허공처럼 무량하다고 합니다. 그러므로 묘법연화경의 가르침대로 수행하려면 묘법연화경을 수지 독송 해설 사경함과 동시에 스스로 지혜와 자비를 닦는 수행을 해야 하겠습니다. 그리하여 우선 '묘법연화경의 가르침'에서는 묘법연화경의 핵심적 내용을 정리 요약하여 이 경의 가르침이 무엇인지 보여주려 했습니다. 그리고 이어지는 '지관법:선정과 지혜' 그리고 '통찰명상법'에서는 지혜를 닦는 수행법을 소개하였고 '자비수행'에서는 자비심을 닦는 수행법을 소개하였습니다. 결국 이 작은 책은 부처님께서 설하신 모든 경의 왕이라고 하는 묘법연화경이 말세 말법 시에 이 세상을 힘겹게 살아가고 있는 사람들에게 주는 가르침의 핵심이 무엇이며 편안하고 즐 겁게 살기 위하여 어떤 수행을 어떻게 해야 하는 것인가에 관하여 간략하게 밝힌 것입니다. 그 수 행법이 묘법연화경의 수지 독송과 함께 자비와 지혜를 닦는 것입니다.

묘법연화경과 관련된 불교수행법으로는 육 바라밀(六婆羅密), 십바라밀, 계정혜(戒定慧), 지관 법(止觀法), 네 가지 안락행(四安樂行) 등이 있는데 혼동하기 쉽습니다.

육바라밀은 대승불교에서 보살의 수행덕목으 로 제시한 보시 지계 인욕 정진 선정 지혜의 여 섯 가지를 말합니다. 그 여섯 가지에 방편(方便) 원(願) 역(力) 대지(大智)의 네 가지를 더하면 십바 라밀이 됩니다. 십바라밀은 화엄경에서 설한 보 살수행의 열 가지 단계(十地)에 각각 배당된 것입니다.

묘법연화경 안락행품에서는 수행법으로 네 가지 안락행(四安樂行)을 설하고 있습니다. 편안하고 즐거운 삶을 위한 네 가지 안락행은 신(身) 구(口) 의(意) 원(願) 즉 몸과 입과 마음 그리고 서원에 관하여 닦아야 할 것을 상세하게 설명한 것입니다. 이 네 가지 안락행은 십바라밀의 내용을 네 가지로 묶어서 설명한 것이라고 볼 수 있는 것으로 지계 인욕 선정 지혜 원이 특히 강조되고 있습니다.

육바라밀에서 지계 선정 지혜의 세 가지만 택한 것이 계정혜(戒定慧)의 세 가지 수행법(三學)입니다. 세 가지에서 계를 빼면 정(定)과 혜(慧) 즉 선정과 지혜를 닦는 지관법(止觀法)이 됩니다. 정

은 산란한 마음을 고요하게 진정시켜 집중된 상
태에 이르게 하는 수행법으로 '사마타' 또는 지
법(止法)이라 부르고 혜는 집중된 마음을 토대로
삼라만상의 본질이 공(空)임을 깨닫는 수행법으
로 '위빠사나' 또는 관법(觀法)이라 부릅니다. 관
법은 통찰명상 또는 지혜명상이라 부르기도 합
니다.

지관법에서 산란한 마음을 고요하게 집중된
상태로 만드는 것은 궁극적으로 일체현상이 공
이라는 것을 깨닫는 지혜를 얻기 위한 것입니다.
말하자면 선정의 토대 위에서 지혜를 증득함에
초점을 두고 있습니다. 흔히 지혜가 완성되면 자
연히 자비심이 생긴다고 생각합니다만 지혜수
행만으로는 완전한 수행이 될 수 없습니다. 부처
님께서는 성도 후 제자들에게 자비를 닦는 수행

법과 함께 지혜를 닦는 수행법으로 지관법을 가르쳤습니다. 그러므로 우리는 자비와 지혜가 불교수행의 핵심이라는 것을 잊지 말아야 하겠습니다.

2. 묘법연화경의 가르침

이 경은 능히 일체 중생을 구원하며
이 경은 능히 일체 중생으로 하여금
모든 고뇌를 여의게 하고
이 경은 능히 일체 중생을 크게
이익되게 하며 그 소원을 충만케 하느니라

— 묘법연화경

(1) 묘법연화경은 부처님께서 설하신 모든 경전
의 왕입니다.

묘법연화경은 억만 겁에도 한번 만나기 어려
운 경이요,

묘법연화경은 유일한 진실법이요,

말세 말법시에 사바세계 중생에게 꼭 필요한
약입니다.

묘법연화경을 수지 독송 해설 서사하면 곧바
로 성불합니다.

묘법연화경은 일체중생을 구호하며 일체중
생을 공포와 모든 해악에서 구하고 모든 괴
로움을 떠나게 하며 모든 사람들로 하여금
소원하는 바를 성취케 합니다.

묘법연화경이 곧 부처님이므로 묘법연화경
을 지님은 곧 부처님을 지님이요 내가 곧 부
처입니다.

묘법연화경을 수지 독송하는 곳과 묘법연
화경이 있는 곳에 항상 부처님이 함께 계십
니다.

⑵ 법화수행자는 인과응보를 굳게 믿어야 합니
다.

악행을 하면 나쁜 과보를 받고 선행을 하면
좋은 과보를 받습니다. 액운을 피하고 행운
을 얻고 원하는 바를 성취하려면 남에게 베

풀고 남을 돕는 선행을 항상 행하고 남을 해치는 생각이나 언행을 하지 않아야 합니다.

⑶ 우리는 누구나 다 부처의 지혜를 가지고 있습니다.

우리가 가지고 있는 부처의 지혜 즉 불성은 묘법연화경을 수지 독송함으로서 꽃피게 됩니다. 이 말을 듣고 한순간 즉시 내안의 불성의 빛과 합쳐 일체가 되어 보십시오. 곧바로 성불할 수 있습니다. 이처럼 모든 사람은 누구나 부처가 될 수 있고 본래 부처입니다.

따라서 석가모니 부처님의 전세 몸인 상불경 보살처럼 모든 사람을 부처로 보고 공경해야 하고 함부로 대해서는 안 됩니다.

⑷ 법화수행자(법사)는

첫째, 일체중생에 대하여 대자대비의 마음을 항상 지녀야 하고

둘째, 유화인욕심을 가져야 하고

셋째, 일체의 법이 모두 공함을 알아야 합니다.

(5) 법화수행자가 일상생활 속에서 항상 마음 편히 행복하게 살기 위해 지켜야 할 마음가짐과 언행의 요령을 구체적으로 보면 다음과 같습니다.

① 항상 유화인욕의 마음을 가져야 합니다.

② 악행을 일삼는 사람, 싸움하길 좋아하는 사람, 도덕적으로 문란한 사람, 남을 비방하고 이간하는 사람 등 수행에 방해가 되는 사람들과는 가깝게 지내지 말고

③ 좋다 나쁘다 분별하고 집착하지 않아야

합니다. 망상과 집착을 여의면 불지혜가
자연히 나타난다고 합니다.

④ 남의 장단점을 들추어 말하지 말아야
하고

⑤ 남을 미워하고, 시기 질투하는 마음을 갖
지 말아야 하고

⑥ 삼라만상 일체가 공하여 실체가 없으며
있다고 할 것이 없다고 알아야 합니다.
일체법이 공(空)이요 실체가 없다고 아는
사람은 부처님의 깨달음의 본질을 꿰뚫
어 보는 것이라고 부처님께서 말씀하셨
습니다.
모든 것은 물거품 같고 아지랑이 같고 속
빈 파초나무와 같고 꿈과 같고 환영과 같
다고 알아야 합니다. 나를 화나게 하는 사
람도 화를 내는 나도 그리고 그 화를 내는

마음도 모두 실체가 없는 공임을 깨쳐야
합니다.

⑦ 묘법연화경을 접하지 못하여 아직도 괴로
움 속에 살고 있는 많은 사람들에 대하여
대자대비의 마음을 가지고 그들로 하여금
불도, 특히 법화문으로 들어오게 인도해
야 합니다.

⑥ 이와 같이 수행하고 또 묘법연화경과 부처님
의 도움으로 부처님의 경지에 이르면 중생들
이 모든 것을 '있다 없다' '생이다 사다' '같다
다르다' '실이다 허다' 하고 항상 두 가지로
나누어 이 세상을 보듯이 보지 않고 부처님
처럼 '생도 아니고 사도 아니요' '실도 아니요
허도 아니고' '같은 것도 아니요 다른 것도 아
니다' 라고 세상을 있는 그대로 보게 됩니다.

까마귀를 보고 보통사람들은 흉한 새라고 싫어하지만 삼라만상을 있는 그 대로 보는 입장에서는 흉한 새도 아니고 길한 새도 아니라고 있는 그대로 보는 것입니다.

나는 옳고 상대편은 그르다고 흔히들 말하며 싸우지만 내가 옳은 것도 아니고 상대가 그른 것도 아니라고 있는 그대로 보게 되면 나만 옳고 상대는 그르다는 일방적 주장으로 상대방과 싸울 일이 없게 됩니다.

(7) 부처님은 항상 우리 곁에 있고 우리가 곧 부처입니다.

세상 모든 것이 부처 아닌게 없습니다.

부처님은 무지한 중생들을 위하여 방편으로 태어나고 열반하는 것을 보이지만 실은 상주불멸입니다.

묘법연화경을 마음으로 받아들이고 읽고 외우고 해설하고 베껴쓰면 특히 말세 말법시대에서는 부처님의 위신력과 묘법연화경의 법력 덕분에 곧바로 성불합니다.

 우리가 가진 탐·진·치의 마음도 묘법연화경을 수지 독송하면 자연히 깨끗해 집니다. 그렇더라도 우리 스스로 앞에서 밝힌 요령에 따라 마음과 말과 행동을 깨끗하게 하는 수행을 하여서 부처님을 기쁘게 하여야 하겠습니다.

3. 지관법(止觀法) : 선정과 지혜

눈길을 돌려 밖을 내다보지 말고
자기 속을 들여다 봐야 한다.
모든 보배가 자기 속에 가득 차 있기 때문이다.

— 성철 스님

⑴ 내가 곧 부처요 내 안에 불성이 있다는 부처
님의 말씀을 듣고 즉시 그 불성을 보고 그 불
성과 합쳐 일체가 되면 곧바로 성불합니다.
그러나 보통사람의 경우에 그것이 그렇게
쉽지 않으므로 마음 닦는 공부를 하는 것입
니다.

⑵ 마음 닦는 공부는 우선 밖으로만 향해 있는
마음을 되돌려 마음 자체를 보는 것입니다.

그렇게 하려면 마음을 거두어들여 고요하게 진정시켜 집중되게 하여야 하겠습니다. 그러기 위해서는 고요한 곳에 정좌하고 앉아서 흩어진 마음, 항상 대상을 쫓아 밖으로 헤매는 마음, 탐욕으로 출렁이는 마음, 미움과 분노로 불타는 마음 등 모든 번뇌의 마음을 모두 거두어들여 조용히 진정시키고 관찰해야 합니다.

(3) 마음을 진정시키는 요령은 가부좌를 하고 앉아서 내 의식을 호흡에 두고

들숨이 짧으면 짧다고 알고 날숨이 짧으면 짧다고 알아야 합니다.

들숨이 길면 길다고 알고 날숨이 길면 길다고 알아야 합니다.

들숨이 거칠면 거칠다고 알고 날숨이 거칠면

34

거칠다고 알아야 합니다.

들숨이 미세하면 미세하다고 알고 날숨이 미세하면 미세하다고 알아야 합니다.

⑷ 이렇게 하는 가운데 감정이나 생각들이 떠오르면 그것들을 그냥 지켜보면 됩니다. 그것을 억지로 누르려고 하지 말고 마치 강둑에 앉아서 흐르는 강물을 바라보듯이 내 생각이 일어났다 머물다 사라지는 것을 그냥 물끄러미 바라보십시오. 그러한 감정이나 생각이 좋으니 나쁘니 평가하지 말고 그냥 모르는 사람들이 지나가는 것을 물끄러미 바라보듯이 바라만 보면 됩니다. 그러다가 생각이 없어지면 다시 호흡으로 의식을 가져와서 '호흡 알아차림'을 계속합니다.

⑸ 이러한 호흡 알아차림과 생각 지켜보기 수행을 지속적으로 하여 「알아차림」이 내 마음과 의식 속에 굳게 자리 잡으면 일상생활 속에서 나의 모든 생각과 감정과 말과 행동을 자연히 다 알아차리게 됩니다.

내가 지금 걷고 있으면 걷고 있는 것을 알아차리고 설거지를 하면 설거지를 한다고 알아차리고 남과 말을 하면 말한다고 알아차리고 남에게 다른 사람의 험담을 하고 있으면 험담을 하고 있다고 알아차립니다.

모든 생각과 말과 행동을 알아차리게 되면 해서는 안 될 생각과 말과 행동을 멈출 수 있게 됩니다.

⑹ 예를 들어 화가 나면 「화」라는 '도깨비'에 이끌려 곧바로 화내는 말이나 행동을 하지 말

고 화가 일어나고 있다는 사실, 화가 났다는 사실을 즉시 알아차려야 합니다. 알아차리지 못하면 그 도깨비가 내 마음을 온통 뒤집어 놓기 때문입니다. 그리고 한걸음 더 나아가서 나를 화나게 한 사람으로 인하여 내가 괴로움을 겪고 있지만 실은 그 사람이 나의 스승이라고 생각해야 합니다. 왜냐하면 그 사람 때문에 내가 화를 참는 인욕의 수행을 하게 되고 알아차림 수행을 하게 되고 결국은 화를 내는 나도 화를 나게 한 상대방도 그리고 화의 경험 자체도 모두 실체가 없는 공임을 깨닫게 하기 때문입니다.

(7) 그러나 이와 같은 수행을 하지 못한 보통사람들은 「노여움」「두려움」 등 도깨비에 이끌려 자기도 모르는 사이에 온갖 바보 같은 말과

행동을 하게 됩니다. 노여움과 두려움이 지나가고 나면 그때 '아 내가 큰 실수를 했구나' 하고 후회합니다만 이 정도만 되어도 괜찮은 사람입니다. 대부분의 사람들은 자기가 허깨비에 이끌려 온갖 창피한 짓을 한 것조차 모르고 지나갑니다.

⑻ 이렇게 하여 「알아차림」이 뚜렷해지게 되면 알아차리는 마음 자체를 관해보십시오. 처음에는 「화」가 일어남을 알아차리다가 내가 화를 내고 있다는 것을 알게 되고 그 다음에는 화를 내고 있는 내 마음 즉, 화 보다는 「화」의 경험자를 바라보는 것입니다.
두려운 마음이 생기면 보통 사람들은 겁을 먹고 겁먹은 행동을 합니다. 그러나 법화수행자는 두려움이 생기면 즉시 '두려움이 생

기고 있구나' 하고 알아차립니다. 그러면서 두려워하는 마음 자체, 경험 자체를 관해보십시오. 두려움도 실체가 없고 두려워하는 마음과 경험도 실체가 없는 공임을 알게됩니다.

(9) 이러한 수행을 통해서 어떤 대상에도 흔들리지 않는 「알아차림」 즉 '밝은 앎'이 나에게 본래부터 갖추어져 있음을 알게 되고 감정과 생각을 내는 마음은 본래 아무런 실체가 없는 텅 빈 허공 같은 공한 것임을 깨치게 됩니다. 이것이 「공하면서도 밝게 아는 앎」인 나의 본성입니다.

일단 이 앎의 밝은 빛을 보고 알았다면 모든 것을 다 내려놓고 가급적 오래 그 빛 속에 머물면서 쉬어보십시오.

이러한 우리 마음의 본성은 고요하면서 항상
비추고(寂而常照) 비추면서 항상 고요한 것(照
而常寂)이라 합니다. 항상 비추는 밝음만을 강
조하여 「마음의 빛」이라고 부르기도 합니다.
임제스님은 이것을 「뚜렷한 스스로의 밝음
(歷歷孤明)」이라고 부르고 황벽스님은 「둥근
밝음이 항상 스스로 두루 비춘다(常自圓明徧
照)」라고 하는 것입니다.

(10) 이러한 마음의 본성을 진여, 공, 불성, 불지
혜, 여래장 등으로 부르지만 실은 다 같은 말
입니다.
「나」도, 나의 「대상」도, 내 생각도, 내 감정도
모두 실체가 있는 듯 보이지만 그 본질(본성)
은 공이요 스스로의 성품(自性)이 없는 무아
(無我)입니다. 그리고 이러한 허깨비 같은 현

상의 본성은 또한 묘한 깨달음 자체요 불성입니다.

노여워하는 마음, 탐욕의 마음, 남을 미워하는 마음도 그 본질은 묘한 깨달음의 마음입니다. 화가 날 때 그 화나는 마음을 깊게 바라보면 그것이 바로 깨달음 그 자체인 것을 알수가 있습니다. 불같이 강렬한 화가 일어날때 그 화를 더욱 뚜렷이 알아볼 수 있습니다. 화나는 마음이 강렬하면 할수록 강렬한 「앎」이 더욱 뚜렷이 보입니다. 파도와 바다가 다르지 않듯이 화나는 마음과 깨달음의 마음은 다르지 않습니다. 우리가 이러한 이치를 모르고 화나는 마음, 탐욕의 마음, 우치의 마음을 따라서 행동하게 되면 곧바로 중생이 되고 그러한 마음이 생길 때 즉시 그것들의 본성인 깨달음의 마음을 보게 되면 바로 불보살이 됩니다.

⑾ 이러한 자력수행이 어려우면 곧바로 **'나무
묘법연화경'**하며 묘법연화경에 귀의하십시
오. 묘법연화경을 진심으로 믿고 마음에 받
아 지니고 수지 독송하면 탐·진·치, 아만, 시
기, 질투의 마음이 모두 자연히 소멸되고 묘
법연화경과 석가모니 본불님의 위신력과 법
력의 힘을 받아 즉시 성불하게 됩니다.
묘법연화경을 수지 독송하면서 동시에 스스
로 마음을 정화시키는 자정(自淨)의 노력을
함께 한다면 부처님이 더욱 기뻐하실 것입
니다.

4. 자비수행

내 집안에 계시는 부모님을
잘 모시는 것이 참 불공이다.
거리 마다 부처님이 계시니
가난하고 약한 사람들이다.
이들을 잘 받드는 것이 참 불공이다.

— 성철 스님

⑴ 묘법연화경을 따라 수행하는 사람은 첫째 일
체중생에 대하여 대자대비심을 가지고 둘째
유화인욕심을 가지고 셋째 일체가 공이라고
알아야 합니다. 묘법연화경 법사품에서 부처
님께서 하신 말씀입니다. 그만큼 자비심과
공을 아는 지혜가 불법의 핵심이기 때문입
니다.

무상정등정각을 얻으려면 수미산처럼 흔들
림 없는 굳은 보리심(菩提心)을 가져야 하고

모든 것을 포용하는 무한의 자비심과 불이(不二)의 지혜가 있어야 합니다. 보리심이란 많은 다른 사람들(중생)을 위하여 깨달음을 얻고자 하는 보살의 마음을 말합니다. 이타심 즉 자비심은 행복과 깨달음의 원천입니다.

(2) 이 세상의 모든 괴로움은 자기 자신의 즐거움과 행복만을 원하는 이기심에서 생기고 이 세상의 모든 즐거움과 행복은 남의 행복을 바라는 이타심과 자비심에서 생깁니다. 그러므로 고통을 피하고 깨달음을 이루려면 내 행복과 남의 고통을 바꾸려는 마음가짐이 필요합니다.

사람의 본성은 본래 깨어있는 성품으로 지혜와 자비를 다 갖추고 있다고 합니다. 이처럼 자비심이 우리의 본성이라고 하지만 우리는 미혹하여 그것을 모르고 이기심의 노예가 되어 살고 있습니다. 자비심의 본성을 다시 회복하여 드러내고자하면 그 본성을 보고 바로 깨치면 되겠지만 근기가 낮은 보통사람들은 자비심을 드러내기 위한 수행을 꾸준히 하여야 그것이 가능하겠습니다.

(3) 자비심을 닦으려는 사람은 첫째로 모든 사람들이 내 자신과 마찬가지로 고통과 불행을 피하고 즐거움과 행복을 바란다는 사실을 알아야 합니다. 둘째로 우리가 만나는 사람들을 좋아한다고 특별히 집착하지도 말고 싫어한다고 배척하지도 말아야 합니다. 모든 이들을 평등하게 대하는 것이 무엇보다 중요합니다. 셋째 다른 사람들이 전생에 나의 부모였거나 자식이었다고 생각하고 대비심과 자

애심(慈愛心)을 닦아야 합니다. 대비심(大悲心)은 만나는 사람을 고통받고 있는 부모 대하듯이 하는 연민의 마음이요 자애심은 다른 사람을 귀한 자식 대하듯이 하는 사랑의 마음입니다.

(4) 대비심을 닦는 것은 지금 고통 속에 있는 사람을 보고 "저 사람이 저 고통에서 벗어났으면 얼마나 좋을까" 하고 생각하면서 그이가 고통에서 벗어나게 해주십사 하고 마음속으로 부처님께 기원하는 것입니다. 그리고 그이가 고통에서 벗어나게 돕는 일을 하겠다고 내 마음속으로 다짐하는 것입니다.

자애심을 닦을 때는 만나는 사람이 "즐겁고 행복하였으면 좋겠다" 라고 생각하면서 마음속으로 그이의 행복을 기원하고 기회가 있으면 그의 행복을 위하여 돕는 일을 하겠다고 다짐하는 것입니다.

(5) 이렇게 자애심과 대비심을 닦아서 그것이 마음속에 제이의 천성 같이 확고히 자리 잡으면 다음 단계의 수행을 진행합니다.

우선 참선자세를 취하고 앉아서 숨을 들여마실 때 불행한 사람의 괴로움을 들여마신다고 상상하면서 들여마셔서 내 마음속의 밝은 자비의 빛으로 녹여 없애고 그것으로서 그의 괴로움이 소멸했다고 생각합니다. 숨을 내쉴 때는 나의 행복을 밝은 빛으로 내쉬는 숨과 함께 내보내서 그 사람에게 이르러 그가 행복해진다고 생각합니다. 이것이 나의 행복과 남의 불행을 바꾸는 수행으로 실행하기 쉬운 것은 아닐 것입니다. 자애심과 대비심의 수행이 완성된 사람이나 내가 없다는 아공(我空)을 철저히 깨친 사람에게나 가능한 일일 것입니다.

⑹ 또 다른 수행은 우리의 몸에 대한 집착을 없애는 수행입니다. 우리는 보통 내 몸을 「나」라고 생각합니다. 이 몸에 대한 집착에서 이기심이 생겨납니다. 몸에 대한 집착을 없애기 위하여 내 몸을 필요로 하는 보이지 않는 많은 존재들에게 내 머리, 내 손과 발, 내 눈 등 각 부분을 떼어준다고 상상하는 것입니다. 이러한 의식수련으로 '내 몸에 병이 생기면 어쩌나' 하는 등의 불안 의식이나 몸에 대한 강한 집착을 떨쳐 버릴 수 있습니다. 약왕보살품의 일체중생희견보살이 몸을 불사르는 뜻과 같습니다.

⑺ 이와 같이 자비수행이 완성되면 불우한 사람들을 돕는 이타행(利他行)은 물론 그때 비로소 관세음보살이나 묘음보살처럼 고통 속의 많은 사람들을 구하여 행복의 길인 불도로 인도하는 자비행을 할 수 있습니다. 법화수행자는 한편으로는 일체가 공(空)이요 실체가 없다는 것을 깨쳐 「나」와 「삼라만상」에 대한 집착을 없애고, 다른 한편으로는 다른 사람들을 돕고 이익되게 하는 자비행을 하면서 편안하고 즐거운 삶의 길을 묵묵히 걸어가는 것입니다.

그런데 사실 사람들의 대부분은 이미 남을 위해 일하며 살고 있음을 알아야 합니다. 의사는 환자를 위해 선생님은 학생을 위해 참기름 장사는 참기름 소비자를 위해 일하며 살고 있습니다. 그러나 우리는 이 분명한 사실을 모르고 오직 자기와 자기 가족을 위한 돈벌이만을 위해 일한다고 생각합니다. 우리는 모두 남을 위하여 일한다는 분명한 자각이 이타행(利他行)의 시작임을 알아야 하겠습니다.

5. 통찰(지혜) 명상법

선정만 수행해서는 본래부터
존재하는 분별심을 없애지 못한다.
괴로운 감정과 번뇌가 다시 돌아와서
모든 산란함을 만들 것이다.

— 붓다

⑴ 강원도 고성군 거진읍 냉천리에는 금강산에
서부터 남쪽으로 뻗어 내려온 산줄기에 건봉
산이 있고 그 건봉산을 배경으로 건봉사라는
절이 있습니다. 520년(신라 법흥왕 7년)에 아도
화상이 창건하여 원각사라 하였으나 1358년
(고려 공민왕 7년) 나옹대사가 중건하고 건봉사
로 개칭하였습니다.

6·25 전쟁때 대웅전, 관음전, 독성각 등 총
642칸에 이른 많은 전각들이 모두 불에 타

서 없어지고 유일하게 불타지 않고 남은 것은 「불이문(不二門)」뿐이었습니다. 6·25전쟁이 끝나고 대웅전, 적멸보궁 등이 새롭게 재건되면서 지금의 모습을 갖추게 되었습니다. 건봉사에 도착하면 제일 먼저 만나는 것이 불이문(不二門)입니다. 이 불이문을 들어서면 큰 길이 나타나는데 큰 길 오른쪽에는 냇물이 흐릅니다. 그 길을 따라 가면 오른쪽으로 대웅전과 스님들의 수행처요 거처인 요사체의 전각들이 보입니다. 대웅전과 요사체를 가려면 능파교(凌波橋)라는 돌다리를 건너야 합니다. 그 다리를 건너면 두 개의 큰 돌기둥이 양 옆으로 서 있는데 돌기둥에는 보살 수행의 덕목인 십바라밀이 새겨져 있습니다. 그것을 통과하면 돌계단이 나오고 그 계단을 올라가서 왼쪽에 대웅전이 있고 오른쪽에 종

무소와 요사체가 보입니다. 돌아서 나올 때
는 다시 능파교를 건너서 큰 길을 만나고 오
른쪽으로 가면 부처님의 진신사리를 모신 적
멸보궁에 도달하게 됩니다. 건봉사의 배치도
를 보면 부처님의 가르침의 핵심이 그대로
드러나 보입니다.

(2) 건봉사 배치도가 보여주는 가르침

① 속세 = 고해 = 이 언덕
중생들이 미혹하여 실상을 모르는 무명
때문에 모든 것을 좋은 것, 나쁜 것 등 두
가지로 나누어 인식하고 분별하고 좋은
것은 가지려고 욕심내어 집착하고 싫은
것은 배척하고 증오합니다.
그 결과로 마음이 몹시 괴롭습니다.

② 불이문(不二門)

　괴로운 사람이 괴로움에서 해방되고 싶어서 속세를 떠나 마음 닦는 곳인 건봉사에 갑니다. 그는 불이문을 들어갑니다. 불이문은 모든 것을 생사(生死) 유무(有無) 선악(善惡) 등 두 가지로 나누어 보지 않고 거울 같이 있는 그대로 보는 것으로 수행의 목표를 가리킵니다. 그는 '깨치고 나서 괴로움 속에서 살고 있는 많은 사람들을 제도하겠다'는 굳은 서원을 가지고 수행을 시작합니다.

③ 수행하는 곳

　오른쪽에 있는 돌다리 즉 「능파교」를 건너서 두 개의 돌기둥에 그림으로 새겨진 10바라밀(열가지 고해를 건너는 붓다의 가르침)

을 만나고 수행자(스님들)의 수행장소인 요
사체와 대웅전에 이르러 마음 닦는 수행
을 합니다.
수행을 다 마치면 고해를 건너는 다리
즉 「능파교」를 지나서 적멸보궁으로 향
합니다.

10바라밀(고해에서 열반에 이르는 열 가지 덕목)
은 다음과 같습니다.
보시 -남에게 베푸는 일
지계 -계율을 지키는 일
인욕 -나에 대한 모욕, 해로운 것 등 모든
어려움을 참는 것
정진 -성심을 다하여 노력하는 것
선정 -마음을 고요히 한곳에 집중하는 것
지혜 -반야 바라밀로서 모든 것이 공이라

고 아는 지혜

방편 -남을 구제하기 위해 사용하는 여러 가지 방법

원 -깨치고 나서 남을 제도하겠다고 다짐 하는 서원

역(力) -신념, 근면, 알아차림, 통찰력, 집중 력 등의 정신력

대지(大智) -세간, 출세간의 모든 것을 아 는 것 즉 일체종지

④ 적멸보궁: 깨침의 세계, 평화의 땅 = 인간 의 본성 = 저 언덕

인간의 본성은 본래 깨어있고 텅 비어 고 요하고 평화롭고 밝게 아는 지혜와 남을 배려하는 자비를 다 갖추고 있습니다.

「적멸보궁」은 모든 탐욕과 번뇌의 불이

다 꺼진 평화로운 우리의 본성을 가리킵
니다. 수행을 마친 사람이 이곳에 도착합
니다.

⑤ 복귀(復歸) : 중생제도
수행이 다 끝나서 열반의 저 언덕에 이르
렀다고 모든 게 끝난 것이 아닙니다. 진정
한 보살은 열반이 좋다고 거기에 집착하
지도 않고 속세가 괴로운 곳이라고 피하
지도 않습니다. 오히려 고해인 속세로 다
시 나와서 관세음보살이나 문수보살처럼
어려운 사람들을 돕고 그들을 괴로움에서
구하는 일을 하는 것입니다. 문수보살이
나 관세음보살은 자비로 몸을 닦고(以慈修
身) 불지혜에 잘 들고(善入佛慧) 궁극적 진
리를 크게 깨닫고(通達大智) 열반의 저 언

61

덕에 도달한(到於彼岸) 후에 능히 무수한
중생을 제도(能度無數百千衆生)하는 사람들
입니다.

⑶ 수행의 개요

통찰 명상은 계율 지킴과 선정 삼매를 토대
로 지혜를 깨닫는데 목표를 둡니다.

계(戒)는 어떤 악(惡)도 행하지 않고 선행을 하
는 것이고
정(定)은 산란하고 들뜬 마음을 고요히 가라
앉혀 한 곳에 집중하는 것이며
혜(慧)는 모든 삼라만상이 인연따라 형성된 것
으로 그 본질이 없음(空)을 깨치는 것입니다.

① 계율 지키기(戒)

오계 (불 살생, 도둑질 안하기, 거짓말 안하기, 그
릇된 음행 안하기, 술 안 마시기) 그리고 열 가
지 악행 안하기와 열 가지 선행을 행하기
등이 지켜야 할 것입니다. 악행은 남을 해
치고 남을 죽이는 것이요 선행은 남을 돕
고 남을 살리는 것입니다.

열 가지 악행(惡行)은 다음과 같습니다.

-몸으로 짓는 악행 세 가지: 살생, 도둑질,
그릇된 음행

-입으로 짓는 악행 네 가지: 거짓말, 이간
질하는 말, 욕설, 쓸데없는 잡담

-마음으로 짓는 세 가지 악행: 탐욕, 증오/
분노, 그릇된 견해 (또는 시기질투, 악의, 그릇
된 견해)

열 가지 선행(善行)은 위의 반대입니다.

② 알아차림 명상(定)

산란한 마음을 진정시켜 집중된 마음을 얻기(항상 깨어 있기) 위해서는 호흡 알아차리기 수행을 하면서 마음에 떠오르는 생각, 감정, 느낌 등을 그냥 지켜보는 것입니다.

③ 통찰 명상(지혜 명상)

「알아차림 명상」으로 마음이 안정되고 집중된 상태가 되면 그것을 토대로 삼라만상의 본질이 비어 있고 실체가 없음을 깨치는 것입니다.

⑷ 통찰 명상법

「알아차림 명상」으로 마음을 고요히 가라 앉

히고 집중한 후 「통찰 명상」을 시작하는데
통찰 명상은 두 단계로 진행합니다.

◎ 1단계

① 이 세상의 모든 것이(그것이 사람이든 나무이
　든 산이든 집이든 먹는 빵이나 국수이든) 인연 따
　라 여러 가지가 모여서 이루어진 결합체
　(이것을 인연화합체라 부름)라는 것을 분석(分
　析)을 통하여 이해합니다.
　집을 예로 들어 보면 집은 땅, 나무, 벽돌,
　철근, 시멘트, 인력(人力), 물 등이 인연따
　라 모여 구성된 것입니다. 이와 같이 땅,
　철근, 벽돌 등의 요소들이 인연따라 적절
　히 결합되면 그때 비로소 '집' 이라는 모
　양(相)과 이름(名)이 생깁니다. 그리고 각

각의 구성요소도 마찬가지로 다른 여러 가지 요소들이 인연따라 모여 구성된 것입니다. 집의 한 가지 구성요소인 벽돌은 모래, 흙, 물, 불, 인력 등의 요소들이 인연따라 모여서 형성된 것입니다.

벽돌의 구성요소의 하나인 물은 산소와 수소 원자가 인연따라 모여서 이루어진 것이요 산소나 수소 원자는 여러 가지 미립자들의 인연화합체입니다. 이와 같이 미립자들이 인연따라 원자를 구성하고 그 원자들이 인연화합하여 분자들을 구성하고 그 분자들이 인연화합하여 형성된 것이 물질입니다. 이러한 물질들이 이리저리 인연따라 모여 이루어진 것이 우리가 주위에서 흔히 보는 나무, 집, 자동차, 빵 등의 사물입니다.

② 인연화합체는 몇 가지 꼭 알아야 할 특성을 가지고 있습니다.

첫째, 인연화합체는 서로가 서로에게 의존해서 존재합니다.

삼라만상은 혼자 존재하고 혼자 살수 없고 서로가 서로에게 의존해 있는 상생(相生) 또는 공생(共生) 관계에 있습니다.

둘째, 모든 것은 인연따라 생겨나서(生) 얼마동안 머물다가(住) 변하고(異) 인연이 다하면 소멸(滅)합니다. 모든 인연화합체는 겉으로 보면 단단하고 변하지 않고 실체가 있는 듯 보이지만 깊게 분석하여 잘 관찰해보면 계속 변하여 결국 없어집니다. 모든 것은(그것이 집이든 자동차든 사람이든 또는 미워하는 마음이든 화나는 마음이든 아픈 몸이든) 무상(無常, impermanent) 하여 그대로 있

지 않습니다. 괴로움도 아픔도 시간이 지
나면 인연따라 소멸합니다.

셋째, 인연화합체는 겉으로 보면 다른 것
과 구분되는 외형적 특징을 가지고 있지
만 깊게 분석하여 잘 관찰해보면 스스로
의 본질적 특성이 없습니다. 즉 본성이 공
입니다. 사과와 배는 그 색깔과 모양이 서
로 다를 뿐만 아니라 맛도 다릅니다. 그러
나 사과와 배를 원자와 그 이하의 수준에
서 좀더 깊게 분석하여 잘 관찰해 보면 그
둘을 구분할 수 있는 본질적 특성이 없습
니다. 이처럼 사물의 본질적 특성 또는 본
성이 없는 것을 공(空)이라 부릅니다. 다른
사물과 구분할수 있는 자기 자신의 본질
(本質)이 없다는 뜻으로 무자성(無自性)이
라고도 합니다.

예를 들어 물은 두 개의 수소 원자와 한 개의 산소 원자가 인연 따라 결합된 인연 화합체입니다. 우리가 목마를 때 물을 마시면 갈증이 해소됩니다. 갈증을 해소시켜주는 물의 성질은 물의 구성 요소인 수소나 산소에는 없습니다. 그러므로 갈증이 난다고 산소나 수소를 마셔도 갈증은 해소되지 않습니다. 갈증을 해소시켜 주는 물의 성질이 불변의 본질이라면 물의 구성요소로 아무리 쪼개고 또 쪼개도 그 본질이 그대로 남아 있어야 하는데 수소나 산소의 원자 수준에서는 찾을 수 없습니다. 한층 더 깊게 밑으로 내려가 원자들을 구성하는 미립자 수준에서야 더 말할 필요도 없이 갈증을 해소시켜 주는 물의 성질은 발견할 수 없습니다. 물의 본질은 공입니다. 갈증을 해소시켜 주는 물의 성질은 수소 원자 두 개와 산소 원자 한 개가 인연따라 화합할 때 비로서 나타납니다.

내가 좋아하는 단팥빵은 팥 밀가루 효소 설탕 물 등의 요소들이 인연화합하여 만들어진 것입니다. 그 빵의 독특한 맛은 그 요소들이 인연화합할 때 비로서 나타나는 것이지 그 각 요소 어디에서도 단팥빵의 독특한 맛은 찾을 수 없습니다. 그러므로 단팥빵의 본질은 공입니다.

같은 이치로 사람을 구성하는 다섯 가지 요소(五蘊) 어디에서도 '사람'의 본질은 찾을 수 없습니다. 다시 말하면 사람의 몸(身) 느낌(受) 인식작용(想) 업짓는 행위(行) 분별의식(識) 어디에서도 찾을 수 없습니다. 사람의 본성도 공입니다.

사과와 배도 마찬가지 이치로 그 본성이 모두 공입니다. 사과와 배는 서로 모양과 색깔도 다르고 그 독특한 맛도 다릅니다. 그래서 우리는 사과와 배가 다른 과일이라고 구분하고 분별합니다. 그러나 사과의 본성도 공이요 배의 본성도 공이기 때문에 다시 말하면 두 과일을 서로 다르게 구분할수 있는 본질이 없기 때문에 서로 다른 과일이라고 볼 수가 없습니다. 겉으로 보면 서로 다른 사과와 배는 본질적인 면에서 보면 서로 다르지 않습니다. '나'와 '너'도 겉으로 다르게 보이지만 본질에서 보면 다르지 않습니다. '남자'와 '여자'도 그렇고 까치와 까마귀도 그렇습니다. 예를 들어 우리가 미운사람에게 "저놈은

악질(惡質)이야"하고 흔히 비난하지만 그 사람의 본질도 공이기 때문에 그 사람이 '뼈속까지' 악질은 아닌 것입니다. 그러므로 그 '악질'도 착한 사람이 될 수 있습니다. 겉으로 보고 하는 일상 생활속의 모든 분별은 본질에서 보면 아무런 의미가 없습니다. 본질이 공인 곳에서는 선악(善惡) 유무(有無) 생사(生死) 미추(美醜) 장단(長短) 미오(迷悟) 등 모든 구분과 분별은 붙을 자리가 없습니다.

묘법연화경 여래수량품에서 부처님은 "여래는 지혜없는 범부들과는 달리 항상 일체를 있는 그대로 보아 세상은 나지도 않고 죽지도 않으며 생기지도 않고 멸하지도 않아 실도 아니요 비실(非實)도 아니며 있지도 않고 있지 않음도 아니며 같지도 않고 다르지도 않다"고 말씀 하셨습니다. 그러므로 부처님의 말씀은 다 진실하다고 하셨습니다.

반야심경은 관자재보살이 지혜의 완성을 위한 깊은 수행을 할때 사람이란 인연화합체를 구성하는 색(色) 수(受) 상(想) 행(行) 식(識)의 다섯가지 요소(五蘊)가 모두 공(空)이라고 밝게 알아보고 모든 고난을 벗어났으며 모든 것이 공이라는 이치에서는 생(生)과 멸(滅) 깨끗함과 더러움 몸과 마음 눈과 귀 소리와 냄새 등의 구분이 없다고 설하고 있습니다. 겉으로 보면 몸과 마음이 다르고 눈과 귀가 다르고 소리와 냄새가 분명히 다르지만 공의 본질에서 보면 몸과 마음 눈과 귀 소리와 냄새 등의 구분과 분별은 설자리가 없습니다.

따라서 고질적인 분별과 집착으로 괴로움 속에서 살고 있는 사람들이 이러한 연기법(緣起法)과 공의 이치를 깨닫고 무분별의 지혜(無分別智)를 터득하면 나에 대한 집착(我執)과 대상에 대한 집착(法執)이 소멸하여 마음의 평화를 얻을 수 있습니다. 그리고 그때 진정한 자비심이 생깁니다.

③ 분석을 통하여 꼭 알아야 할 것이 있는데 그것은 이세상의 모든 것은 내 마음이 나타낸 것 또는 내 마음이 나타난 것(자심 소현 自心所現)이라는 것입니다.

꿈속에서 나는 사람들을 만나 이야기도 하고 사랑도 하고 싸우기도 합니다. 산도 보고 집도 보고 집 속에서 살기도 합니다. 그러나 깨고 보면 아무 것도 없습니다.

목마른 사람이 사막에서 저 멀리 강물이 있는 것을 보고 가보면 없습니다. 보였던 강물은 신기루(mirage)로서 우리 마음이 만들어낸 것입니다.

신기루나 꿈속의 사물은 모두 마음이 만든 것이고 마음이 나타낸 것입니다. 그러므로 실체가 없고 본질은 공입니다.

양자역학에서 원자 이하의 미립자는 관찰될 때 비로써 형성되고 관찰될 때 까지는 창조되지 않는다고 합니다. 그것은 관찰되기 전에는 하나의 구체적인 사물이 아니고 하나의 가능성이라고 밖에 볼 수 없다고 합니다. 인간의 관찰과 의식이 그 미립자의 최종 상태를 결정합니다. 노벨물리학상 수상자인 닐스 보아는 "우리는 세계를 측정하는 게 아니고 창조하고 있다."

고 말하고 있습니다. 모든 것은 우리의 마음이 만든다는 말입니다.

현대 뇌 과학자들이 연구한 결과에 의하면 사람이 어떤 사물을 「바나나」로 인식하는 것은 바나나라는 실물이 아니고 바나나의 「이미지(image)」 즉 영상이라는 것입니다. 그것은 꿈속에서 본 사람이나 산, 또는 사막에서 본 신기루처럼 우리의 의식(또는 마음)의 스크린에 우리의 마음이 만들어 비춘 영상이라고 합니다.

④ 1단계 분석 명상의 결론

세상에 존재하는 모든 것(사람과 사물, 모든 현상)은 모두 인연화합체로서 본질이 공이요 실체가 없고 무상하여 있다고 할 것이 없습니다.

그것은 꿈속에서 본 사람과 사물과 같고 사막에서 본 신기루처럼 있는 듯 보이지만 실은 공이요 실체가 없고 있다고 할 것이 없는 것입니다.

몇 달 전에 가본 「크로아티아」의 아름다운 곳도 몇 년 전에 돌아가신 어머니의 모습도 지금은 나의 기억 속에 희미하게 남아 있을 뿐 실체가 없습니다. 간밤에 꿈속에서 만난 아름다운 여인의 모습과 같이 오직 희미한 기억일 뿐입니다.

그러므로 공이요 있다고 할 것이 없는 존재를 좋다/나쁘다, 있다/없다 분별하고 집착하는 것이 무슨 의미가 있겠습니까.

여자가 없는데 있는 것으로 착각하여 그 여자가 이쁘다 밉다 분별하고 시비할 필요가 어디에 있으며 없는 것을 있는 것으로 착각하여 그것을 가지려고 애쓰고 집착하는 것이 바보 같은 짓이 아니겠습니까. 꿈속에서 무엇을 가지려고 막 애쓰며 달리고 달려도 잡히지 않아 안타까워 하다가 깨고 보니 허무요 어쩌다가 그것을 손에 넣고 좋아하다가 깨고 보면 역시 빈손으로 허무할 뿐입니다.

모든 것이 공이요, 꿈과 같고 마술사가 만든 환상 같다고 바로 깨달아 허망한 분별 망상과 집착을 버리면 삼라만상의 실상(진실된 모습)을 있는 그대로 보게 되고 모든 고통에서 해방되어 마음의 평화를 얻게 됩니다.

◎ 2단계

1단계 명상이 분석을 통하여 모든 현상의 본질이 공이요 있다고 할 것이 없고 실체가 없는 것이라고 이해하는 것이라면 2단계 명상은 실제로 삼라 만상이 공이라는 것을 몸과 마음으로 직접 체험하여 깨치는 것입니다.

사랑이 무엇인지 사랑을 해본 사람으로부터 듣고 이해하였다 하더라도 직접 사랑을 해보기 전에는 그 진미를 알 수가 없습니다. 깊은 산속의 샘물에 대하여 그 맛이 어떻다고 들었다 하더라도 직접 가서 물

맛을 보아야 알 수 있는 것과 같습니다.
말하자면 2단계의 명상은 직접 공을 맛보
고 체험하는 것입니다.

두 가지로 진행하는데
첫째, 모든 경험의 주체인 나의 본질이
「공」이요 밝게 비추는 「앎」 자체라는 것
을 경험하는 것입니다.

① 나의 본질은 곧 나의 마음의 본질을 가리
 키는데 고요한 알아차림 명상 상태에서
 한 생각이 떠올랐다가 사라지는 것을 그
 냥 바라봅니다. 그 한 생각이 사라진 다음
 에 다음 생각이 떠오르기 전까지 앞의 생
 각과 뒤의 생각 사이의 빈 간격(gap)이 바
 로 공의 마음입니다.

명상이 익숙해지면 마음에 떠오르는 생각도 적어지고 생각과 생각 사이의 간격도 길어집니다. 구름이 많은 하늘에서 구름과 구름 사이로 파란 하늘을 잠깐 볼 수 있지만 구름이 적어서 구름과 구름 사이의 파란 하늘이 넓으면 오랫동안 볼 수 있듯이 공한 마음도 생각이 적으면 오랫동안 유지됩니다.

② 사물의 본질은 「공」한가지 이지만 사람 마음의 본성은 「공」한가지 만이 아니고 푸른 하늘에 태양이 있듯이 모든 것을 알아차리는 「앎」이 있습니다.

명상 속에서 내가 명상하고 있는 것도 알고 마음속에 생각이 떠오르는 것도 알고 생각과 생각 사이에 마음이 텅 비어 있는 것도 압니다. 이 아는 「앎」을 명상을 통해서 확실하게 직접 체험하며 깨닫습니다.

이렇게 알아차림 즉 「앎」의 경험이 확실하게 자리 잡으면 평상시 생활 속에서도 경험할 수 있습니다.
내가 어떤 사람에게 거짓말을 하고 있는 것을 내가 알 수 있고 그에게 아첨하고 있으면 그것도 압니다.
또 내가 누구에게 몹시 화내고 있으면 그것도 곧 알 수 있습니다.
이와 같이 「앎」이 확실하게 자리 잡으면 명상 할 때나 평상시 생활 속에서도 항상 깨어 있을 수 있습니다.

둘째, 경험의 대상 즉 사람이나 산이나 사물이나 또는 어떤 사람에 대한 사랑이나 미움 또는 증오의 본질이 공(空)임을 체험하는 것입니다.

① 명상 속에서 어떤 사람에 대한 「증오의 마음」을 마음의 눈으로 바라보십시오. 무슨 실체가 있겠습니까. 증오의 본질은 역시 공이요, 실체가 없습니다. 증오라는 현상은 여러 가지 인연이 모여서 잠시 형성된 것이기 때문입니다.

② 사물의 본질이 공임을 경험하는 방법 중 하나는 그 사물을 마음속에 떠올려서 바라본 다음 실제로 그 사물을 보았을 때와 비교해보고 아무런 차이가 없음을 경험하는 것입니다.

예를 들어 우리는 거의 매일 「울산바위」를 보는데 명상 속에서 그 울산 바위를 아주 선명하게 구체적으로 떠올려 놓고 조용히 바라봅니다. 그 마음속에 떠오른 울산 바위와 아침에 보았던 울산바위와 무슨 차이가 있겠습니까. 아무런 차이가 없습니다. 아침에 보았던 울산 바위도 내 의식에 비친 영상이고 지금 명상 속에서 떠올려 보고 있는 것도 내 마음의 거울에 비친 영상으로서 조금도 다르지 않습니다. 거울에 비친 영상은 실재하는 것이 아니고 공입니다. 보름달을 가지고 명상해보아도 마찬가지입니다.

◎ 통찰 명상의 결론

첫째, 이 세상의 모든 존재는 서로 의존해서 사는 상생, 공생의 관계를 가집니다. 저 사람은 나를 위해 일하고 나는 저 사람을 위해 일하며 살고 있습니다. 뿐만 아니라 서로가 다른 존재를 구성하는 구성요소로 들어갑니다. 그러므로 남을 죽이면 결국 나도 죽는 것입니다. 남을 돕고 살리는 것은 결국 나를 살리는 것이 됩니다. 옆집 세탁소가 잘 돼야 우리집 국수도 잘 팔리고 환자들이 돈이 있어야 의사도 돈을 벌게 됩니다.

거의 모든 사람들은 사실 남을 위하여 일하며 살고 있습니다. 선생님은 학생을 위해 가르치고 의사는 환자의 병을 고치기 위해 일하며 자동차 공장에서 일하는 근로자는 자동차를 타는 소비자들을 위해 일합니다. 문제는 실제로 남을 위해 일하면서 그것을 자각하지 못하고 오로지 자기의 돈벌이를 위해 일한다고 생각하는 데 있습니다. 남을 위해 일한다는 자각을 하면 그 일이 그대로 이타행이요 자비행이 되지만 오직 자기만을 위해 일한다고 생각하면 그 일은 이기적인 행위가 됩니다. 오직 자기 자신의 돈 벌이만을 위해 참기름을 만드는 사람은 '가짜' 참기름을 만들어 팔 수 있지만 '자기가 먹을' 참기름을 소비자들에게 공급한다고 생각하는 사람은 절대로 가짜 참기름을 만들어 팔지 않습니다.

둘째, 이 세상의 모든 존재는 모두 공이요, 실체가 없고 무상합니다. 무지개나 꿈속의 여인처럼 있는 듯 보이지만 실제로는 있다고 할 수 없는 존재에 대하여 좋으니 나쁘니 분별하고 시비할 필요가 없고 더구나 그것을 가지려고 집착할 필요가 없습니다.

이 점은 오해하기가 쉬운데 주의해서 이해하여야 하겠습니다.
예를 들어 돈에 대하여 집착하지 말라는 것은 인간으로서 사는데 필요한 것 이상 더 가지려고 집착하지 말라는 뜻입니다. 필요 이상 더 가지려고 집착하는 것은 「탐욕」으로서 괴로움의 원인이 됩니다.
또 분별하지 말라고 하여 살인도 나쁘지

않고 불효도 나쁘지 않다고 생각해서는
안 됩니다. 지나치게 옳고 그름을 분별하
여 남과 시비하고 싸우면 그 결과로 나에
게 큰 괴로움과 고통이 돌아올 뿐만 아니
라 상생의 인간관계를 깨뜨리게 되기 때
문에 지나친 분별을 하지 말라는 것이지
무조건 분별하지 말라는 뜻이 아닙니다.

셋째, 경험의 주체인 「나」는 그 본질이 공
이요, 실체가 없습니다. 다시 말하면 우리
가 생각하는 「나」, "내 자존심을 건드렸
어" 할 때의 「나」란 것은 실재하지 않는
빈 껍데기로서 우리가 스스로 만든 「관
념」이요 생각일 뿐입니다. 이러한 「나」란
관념이 이기심의 원인이고 그 이기심은
모든 불행의 원인이 됩니다. 「나」란 생각

이 「공」임을 분명하게 철저히 깨치면 이 기심이 사라지고 그 자리에 이타심, 자비심, 남을 배려하는 마음이 생깁니다. 그때가 되어야 남과 더불어 함께 사는 진정한 상생과 공생이 될 수 있습니다.

넷째, 사물이 공이요 「나」도 공이요 경험도 공임을 철저하게 깨치면, 지금까지 해왔던 두 가지로 나누어 분별하고 인식하던 것을 멈추고 모든 것을 있는 그대로 보게 됩니다. 마치 밝은 거울이 삼라만상을 있는 그대로 비추지만 좋다 나쁘다 분별하지 않고, 좋은 것에 집착하고 싫은 것을 배척하지 않듯이 우리의 깨친 마음도 삼라만상을 있는 그대로 볼 뿐 시비분별도 없고 집착과 배척을 하지 않게 됩니다.

건봉사의 불이문(不二門)이 상징하듯 모든 것을 둘로 보지 않게 됩니다.

다섯째, 이와 같이 수행하고 마음을 닦아 불이(不二)의 경지, 거울 같은 지혜를 얻은 경지까지 가면 드디어 이 고통의 세계를 떠나 평화의 세계(nirvana, 열반, 涅槃)에 도달하게 됩니다. 건봉사의 적멸보궁에 도달하는 것입니다.

여섯째, 이처럼 본래 깨어 있고 평화롭고 지혜와 자비가 충만한 자기의 본성을 보고 알고 난 다음에는 처음 수행을 시작할 때 세운 서원대로 고해인 생활세계로 다시 복귀(復歸)하는 것입니다. 말하자면 그는 열반의 즐거움이 있는 적멸보궁을 떠나 다시 불이문(不二門)을 지나 아직도 괴로움 속에서 살고 있는 사람들을 돕기 위하여 속세로 돌아오는 것입니다. 그리하여 그는 고해인 속세에서 모든 것을 있는 그대로 집착 없이 비출 뿐인 하나의 큰 밝은 거울처럼, 그리고 모든 것을 다 수용하는 대지(大地)처럼, 그리고 모든 생물들을 다 생육하는 태양처럼 남에게 베풀면서 집착 없이 남과 함께 살아갑니다.

6. 글을 끝내며

마음이 우리의 삶을 형성한다.
우리는 우리가 생각하는 대로 된다.

-붓다

불교수행이란 관점으로 이 세상 사람들을 보
면 크게 다섯 가지로 나누어 볼 수 있습니다.

   첫째 부류의 사람들은 아직도 고해 속에서
부침을 거듭하며 괴로움과 고통 속에서 살고 있
는 사람들입니다. 묘법연화경에서는 이들을 삼
계화택(三界火宅) 즉 불타는 집 속에서 살고 있으
면서 곧 불에 타서 죽게 되는 줄도 모르고 희희
낙락 하면서 그것을 두려워하지도 않는 사람들
이라 묘사하고 있습니다.

두 번째는 이제 막 '불이문' 즉 수행으로 들어선 사람들입니다. 괴로움과 고통으로부터의 해탈과 큰 깨달음의 성취를 위해 막 수행을 시작한 사람들입니다.

셋째는 묘법연화경을 수지 독송하면서 겸하여 자비와 지혜를 닦는 수행에 정진하고 있는 사람들입니다.

네 번째는 수행이 끝나서 능파교를 지나 적멸보궁 즉 큰 깨달음과 열반의 저 언덕에 도달한 사람들입니다. 그분들 가운데는 편안한 즐거움에 도취하여 열반에 안주하여 떠날 줄 모르는 사람들이 많습니다. 그들은 수행을 시작할 때 '깨달음을 성취하고 나면 고통 받는 사람들을 제도하겠다'는 서원을 망각한 것입니다.

다섯 번째는 자기가 세운 서원대로 깨달음을 성취한 뒤에 다시 고통의 생활세계로 복귀하여

주변의 많은 고통 받고 있는 사람들이 하루 속히 고통에서 벗어나 편안하고 즐거운 삶을 살아가게끔 도와주는 사람들입니다.

이 다섯 가지 사람 가운데 어떤 사람이 되어야 하는가는 자명합니다. 우리는 모두 편안하고 즐거운 마음을 가지고 어려운 사람들을 돕고 그들을 이익되게 하는 다섯 번째 유형의 사람이 되도록 하여야 하겠습니다.

아무리 초호화 주택에 살고 있어도 마음이 괴로우면 그 곳은 지옥입니다. 비록 보잘것없고 누추한 곳에 살아도 마음이 편하고 즐거우면 그 곳이 낙원입니다. 아무리 건강한 몸을 가지고 있어도 마음이 편치않고 괴로우면 행복을 느낄 수 없습니다.

보통 사람들은 하루에도 몇 번씩 극락과 지옥

을 왔다 갔다 합니다. 보기 싫은 사람 때문에 마음에 안드는 사람 때문에 마음이 편치않고 괴롭습니다. 남들 때문에, 나쁜 환경 때문에 불행하고 괴롭다고 생각합니다. 남들만큼 돈과 재산이 없어 행복하지 않다고 생각합니다. 그러나 어떤 사람이 마음에 안들고 미운 것은 그 사람이 본래 미워서 미운것이 아니고 내 마음이 밉다고 봐서 미운 것입니다.

남보다 돈과 재산이 없어 불행하다고 느끼는 것도 내 마음이 그렇게 생각해서 그런 것입니다. 많은 경우 편안하고 즐겁게 살 수 있을 만큼 가지고 있음에도 불구하고 '더 많아야 해'하며 족한 줄 모르는 내 마음 때문에 더 괴로운 것입니다.

모든 괴로움과 불행은 '남' 때문에 생긴 것도 아니고 환경 탓도 아니고 오직 '내' 탓입니다. 내가 내 마음을 잘 쓰지 못해서 생기는 것입니다.

마음을 잘 쓰려면 마음 닦는 수행을 해야 합니다. 마음을 잘 닦고 깨달아서 내 뜻대로 마음을 쓸 수 있으면 그때 그 마음은 행복을 주는 '여의주(如意珠)' 보석이 됩니다.

'여의주'는 밖에 있지 않고 내 마음 속에 있습니다. 밖에 없는 '여의주'를 찾아서 무조건 이리 달리고 저리 달리지 말고 성철스님 말씀처럼 내 마음속을 들여다봐야 합니다. 그 곳이 '여의주'가 있는 곳이요, 편안함과 즐거움이 있는 곳이요, 그 곳이 우리가 찾는 행복이 있는 곳입니다. 그리고 그 곳이 나와 세상의 실상이 무엇인지 깨닫고 생사고통의 수레바퀴에서 해방될 수 있는 길이 있는 곳입니다.